정위 스님의
자수 정원

일러두기

- 도안에 실 번호를 적어 넣지 않았다. 수는 색을 고르는 놀이다. 내 꽃을 내가 만드는 재미를 누렸으면 하는 바람이다.
- 도안은 뒷산이나 주변의 꽃과 풀 위주로 그렸다. 이웃에 사는 미술 학원 김미숙 선생, 김해란 씨, 은비 엄마가 손수 그림을 그려주었다.
- 수틀을 쓰지 않았다. 수틀에 끼우면 팽팽해서 수놓기는 좋지만 천이 늘어나서 틀에서 뺐을 때 꽃 모양이 일그러질 수 있다. 대신 천에 풀을 먹여 수놓곤 한다.
- 수에 사용한 바느질법은 총 일곱 가지다. 롱앤드쇼트스티치, 새틴스티치를 주로 썼다.

정위 스님의
자수 정원

세상일
마음대로 안 되는데
수라도 내 맘대로
놓아야지.

정위 지음

b.read

여는 글

어머니에게 받은 무명 한 필

딸들 시집갈 때 어머니가 손수 짠 무명을 한 필씩 주셔서 나도 받았다. 쓰기 아까워 수십 년을 농 깊숙이 간직하고 있다가 어느 날 그 무명 생각이 나서 조심스레 싸리꽃 한 줄기를 수놓아보았다. 그렇게 한 땀을 시작해 어느새 한 필이 다 되도록 수를 놓았다.

수를 놓은 지 20년 가까이 되었다. 수를 놓자고 작정하고 시작한 것은 아니다. 찻잔 받침, 수저집, 손수건, 콘센트 가리개처럼 생활에 필요한 것을 무명이나 거즈로 만들고 보니 흰 것이 고요하지만 밋밋하기도 해서 작은 꽃을 하나 둘 수놓았다. 가사 시간에 배운 기억으로 어설픈 바늘땀을 떴다. 하다 보니 실 골라 쓰는 데 재미가 붙었다. 떨어진 옷에 덧대고 기운 천 조각에도 점점이 꽃을 수놓고, 낡은 앞치마 자락에도 풀을 새겨 넣었다. 그러다 선물 주는 재미에 빠졌다. 결혼한 새색시, 이사한 사람, 남의 집에 초대받아 갈 때 작은 매트나 잔 받침을 선물하면 어디 없는 것이라 특별히 여겨주었다. 어떤 이는 쓰기 아깝다는 인사를 전했다. 이 재미에 일 다 끝내놓고 늦은 저녁부터 새벽이 오는 줄도 모르고 바늘을 잡고 있기도 했다.

처음 수를 시작할 때는 실을 얻어 써 구색이 맞지 않았다. 궁한 가운데 얻는 것이 있었다. 마땅한 색이 없어 이리저리 맞추다 보니 뜻밖의 아름다움을 발견했다. 꽃술에 파랑 실을 썼더니 색다른 맛이 났다. 매화는 한 가지에 알록달록 여러 색으로 꽃을 수놓아 매화를 본 즐거운 마음을 담아보았다. 한련의 녹색 이파리는 모두 같지 않은 초록의 느낌을 어찌 표현할까 고민하며 여러 가지 초록이 조화를 이루도록 실을 골랐다. 채우기도 하고 비우기도 하고 색도 달리 쓰며 끙끙거리다가 왜 사서 이 고생하나 싶은 마음이 들기도 했다. 실 하나 고르지 못해 한 시간을 허송세월하기도 했다. 그런 때를 지나니

색이 안 맞으면 옆으로 밀어두고 가벼운 마음으로 딴 일 하는 법을 터득했다. 잠시 두었다가 다시 보면 마땅한 것이 눈에 들어오곤 한다. 사는 일도 그런 때가 많다.

어머니가 손수 짠 무명에 가장 마지막으로 수놓은 꽃이 목단이다. 어머니와 목단 봉오리를 찾던 추억이 있다. 어릴 때 우리 집 마당 이쪽 끝에서 저쪽 끝까지 목단이 가득하였다. 5월 어느 날이면 합창을 하듯 하루아침에 목단이 모두 피어버렸다. 나는 꽃이 한 번에 피는 게 아쉬워서, 꽃이 봉오리를 머금었을 때 몇 송이를 골라 길게 자른 한지로 감싼 다음 무명실로 느슨히 둘러 묶어두곤 했다. 목단이 하나 둘 질 무렵 묶었던 실을 풀면 세상이 열리듯 목단이 활짝 피었다.

백한 살 어머니가 먼 길을 떠나셨다. 이런저런 기념할 일이 있을 때마다 목단을 만났다. 어머니 모시고 먼 산 가는 길에 고향집을 들렀더니 연분홍 목단 한두 송이가 반기듯 피어 있었다. 세월이 지나 마당의 꽃도 늙어 드문데 목단 한 줌이 유난히 탐스러웠다.

어머니가 주신 무명 이야기를 하니 곁에서 듣고 있던 꼬마가 스님도 엄마가 있느냐고 묻는다. 어미 없는 생명이 어디 있겠나. 대답 대신 그저 웃었다.

십수 년 전 놓았던 수를 꺼내서 보니 참 부끄럽다. 실의 색도, 굵기도 봐줄 수가 없다. 자수하는 사람들이 자기들도 그렇다고 하였다. 자수는 자칫 건조해지기 쉬운 절집 생활에서 만난 뜻밖의 호사였다. 수는 색을 가지고 노는 놀이다. 나 혼자 놀기도 좋고, 여럿이 둘러앉아 놀기도 좋다. 천 조각 안에서 오로지 마음대로 할 수 있는 일, 세상에 드문 일이다.

2019 여름

尼 정위

차 례

여는 글
어머니에게 받은 무명 한 필 ··· 04

01 꽃이 피지 않는 풀이 있으리
곰취잎이 곰 발바닥 같아도 ··· 12
무꽃 ··· 14
줄딸기 ··· 15
또 꽃이 피어버렸네, 쑥갓 ··· 16
폭죽 터지듯이, 부추꽃 ··· 18
두 번 꽃피는 민들레 ··· 20
오이꽃은 여름 상보에 수놓으면 시원하다 ··· 22
메우고 비우고, 한련 ··· 24

02 오색 실로 꽃 놀이
두 손 모은 듯, 연잎과 연꽃 ··· 28
땡글땡글 남천 열매 ··· 29
마음대로 칼라 ··· 30
흙담 밑에 핀 접시꽃 ··· 32
아네모네 ··· 34
당귀를 은빛으로 ··· 36
매화보다 일찍 피는 꽃, 히말라야 앵초 ··· 38
자운영 꽃 무리 ··· 39
서늘하고 달콤한 매화 향기 ··· 40

03 옛 수에 담긴 마음

은방울꽃을 디자인했네 ··· 44
베갯모의 소국 송이 ··· 46
동백, 그 단순한 맛 ··· 48
나팔꽃은 여름 꽃 ··· 50
목단 두 가지 ··· 52
동자가 연꽃을 들고서 ··· 54
장수를 기원하며, 실국화 ··· 56
홍매와 새 ··· 58

04 느긋하고 편안한 꽃

옛날 생각나는 패랭이 ··· 62
쪽빛 푸른 달개비꽃 ··· 64
단풍과 영지 ··· 66
단풍잎에 봄볕이 비추면 ··· 67
맑디맑은 철원 꽃창포 ··· 68
애물단지 괭이밥 ··· 70
산동백은 생강 향기가 난다 ··· 72

03 곁에 두고 오래 보다

어머나, 여우꼬리 ··· 76
뒷산 망개나무, 잘 생겼네 ··· 78
장독대 옆 맨드라미 ··· 79
부러진 남천 가지 주워다 ··· 80
보고 있으면 시원한 맥문동 ··· 82
한라 용담, 즐겁다 ··· 83
한 나무에 여러 색 꽃피네, 목화 ··· 84

바느질법과 도안 ··· 88

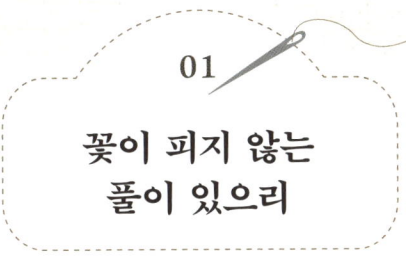

01
꽃이 피지 않는 풀이 있으리

무꽃을 수놓고 있었더니 무에도 꽃이 피느냐고 사람들이 더러 묻는다. 새끼손가락 마디만큼 남은 무 쪼가리도 물이 있고, 볕이 있고, 시간이 가면 꽃을 피운다.

곰취잎이 곰 발바닥 같아도

곰취는 이파리가 곰 발바닥 같아 곰취라고 한다는데,
꽃대가 올라와 꽃필 때 보면 예상 밖의 모습이다. 취는 흰 꽃이
구름같이 무리 지어 피는 반면, 곰취는 빼꼼히 꽃대가 올라와
노란 꽃이 핀다. 꽃에서 노랑과 파랑, 두 색의 조화가 어떤 느낌인지
궁금해 노란 꽃잎에 파란 꽃술을 수놓아보았다. 가끔 전혀
어울리지 않을 것 같은 색을 골라 쓰면 색다른 분위기가 난다.

무꽃

겨울에 무 먹다가 남은 대가리를 볕 좋은 창가에 놓으면
무청이 나고 꽃도 핀다. 처음에는 노란 싹이 나오다가 차츰 초록으로
변하고, 때가 되면 연보라색 꽃이 핀다. 무꽃을 수놓고 있었더니
무에도 꽃이 피느냐고 사람들이 더러 묻는다. 새끼손가락 마디만큼
남은 무도 물이 있고, 볕이 있고, 시간이 가면 꽃을 피운다.

줄딸기

수는 놓아야 하는데 그림이 없던 어느 날,
이웃 사는 미열 씨가 줄딸기 그림을 그려 왔다.
줄딸기꽃 그림에 물감을 곱게 칠했는데,
분홍색이 하도 고와서 그 색대로 실을 골랐다.
짙거나 옅은 꽃 색깔대로 수를 놓으니 꽃이 더욱 생생하다.

또 꽃이 피어버렸네, 쑥갓

쑥갓은 먹으려고 심어놓으면 어느새 꽃이 피어버린다.
루콜라와 쑥갓은 빨리 자란다. 그래서 쑥갓은 해마다 덜 먹고
꽃을 보게 된다. 꽃피기 전에 곁순을 따주며 먹어야 하는데,
쑥갓이 자라는 속도를 사람이 놓치기 십상이다. 쑥갓을 보면
옛날 비단 무늬가 생각난다. 본래 쑥갓은 꽃술이 노란데,
재미있으라고 보라 꽃술, 주홍색 봉오리도 넣어
내 꽃을 만들었다.

폭죽 터지듯이, 부추꽃

부추는 오신채(五辛菜) 중 하나라 절에서는 먹지 않는다.
동네 미술 학원 김 선생이 부추꽃을 그려주었는데 꼭 폭죽 터지는 모양
같았다. 그 즐거움 담으려고 줄기를 위로 해 거꾸로 수놓았다.

두 번 꽃피는 민들레

민들레는 꽃이 두 번 핀다. 꽃 지고 나면 보드랍고 아련한 '솜털 꽃'을
보여준다. 서양 민들레는 꽃받침이 양손으로 감싸듯 오므려 꽃을
받치고 있고, 흰 민들레는 꽃받침이 뒤로 젖혀 있다. 꽃잎이 잘고 많아
뒤집어보아야 자세히 살펴볼 수 있다. 흰 민들레는 우리 토종 꽃이다.
말로만 듣다가 백자 빚는 어느 작가의 집 마당에서 처음 보았다.
예뻐서 한 포기 곱게 떠다가 뒷마당에 심었더니 해를 두고 번져 봄이면
이제 몇 송이씩 핀다. 노란 민들레는 마냥 귀여운데 흰 민들레는
어쩐지 애처로워 마음이 더 간다.

오이꽃은 여름 상보에 수놓으면 시원하다

뒷밭에 상추, 고추, 루콜라 심으면서 오이도 심었다.
오이꽃은 유난히 샛노랗다. 호박꽃과 비슷하지만 작고 더 곱다.
호박꽃이 너그러운 어머니 느낌이라면 오이꽃은 소녀 같다.
여름 상보에 오이꽃을 수놓으면 시원해 보인다.
오이꽃은 햇살이 어른어른 비치는 여름 커튼에도 잘 어울린다.

메우고 비우고, 한련

땅에 피는 연꽃이 한련 아닌가. 가물 한(旱), 연꽃 련(蓮). 땅속에서
나는 연이 토란, 땅 위에서 피는 연이 한련, 물에서 피는 연이
수련과 연꽃이다. 수련은 잠자는 꽃. 밤에 꽃잎을 오므렸다가
아침에 펼쳐서 이름에 '잠잘 수(睡)' 자를 붙인다.
한련은 빨강, 주홍, 노랑, 크림색 등 알록달록 색깔도 생기 있고,
꽃과 잎의 생김새가 동글동글 다정하다. 길 지나는 사람들이
보기 좋은 꽃이라 봄이 오면 사과 궤짝에 한련을 심어 절 입구에
내어 둔다. 봄부터 가을까지 꽃도 오래 피고, 꽃 떨어지면
병아리콩처럼 달리는 씨앗도 참 귀엽다.
한련 수놓는 재미는 이파리에 있다. 다양한 녹색끼리 색깔 맞추는
놀이, 꽃은 채우고 잎은 비우며 수놓는 묘미를 누렸다.

02 오색실로 꽃 놀이

자수의 재미는 내 꽃을 내가 만드는 데 있지 싶다.
정해진 번호대로 실을 쓰면 고심할 일도 없지만 즐거움도 없다.
어려움이 있어야 인생을 산 것 같듯이, 수도 그렇다.

두 손 모은 듯, 연잎과 연꽃

'언제 연꽃 하나 수놔야지.' 숙제처럼 마음에 두었어도 마땅히
수놓고 싶은 그림이 없었다. 어느 날 통칙 스님의 판화를 보았다.
잎도 꽃도 오므린 모양이 두 손을 모은 듯도 하고, 야무지게
앙다물고 자는 아기 입 같기도 했다. 허락을 받고 그림을 따라
그려 수를 놓았다. 오므린 느낌을 내려고 잎맥에 옅은 색 선을 넣고,
꽃봉오리에 흰빛 땀도 넣으며 궁리를 하였다.

땡글땡글 남천 열매

가을 되면 빨간 열매가 달리는 남천. 봄에 흰 꽃 피고 지면
열매를 맺고, 가을이면 여물어 빨개진다. 빨간 남천 열매는
땡글땡글 반짝거리는 것이 맛. 그 야무지게 동그란 맛을 살리려고
열매 테두리에 파란 실을 한 줄 둘렀다. 가장자리가 정리되어
둥근 열매의 생김새가 더 또렷해졌다. 남천 열매의 색은 빨강인데
왜 주황빛이 되었냐 하면, 풀색 이파리에 어울리는 붉은빛을
고르다 보니 그리 되었다.

마음대로 칼라

자수 클래스 식구들이 무슨 색을 쓰느냐고 물으면
마음대로 고르라고 한다. 자수의 재미는 마음대로 색을 고르는 데
있다. 어차피 꽃과 똑같이 색을 낼 수는 없는 일이니 내키는 대로
써보는 것도 재미다. 실타래에서 주저하지 않고 뽑게 되는 실이
제 색 아니겠는가. 칼라는 우아하고 은은한 맛을 표현하려고
색을 저리 썼다. 그저 뽑아내면 되는 일. 주저 말고 일단 해보면 된다.
하다 보면 더 잘된다. 골라 쓴 색을 보면 그 사람을 똑 닮아 재밌다.

흙담 밑에 핀 접시꽃

아마 의성 어느 시골 가는 길에 보았지 싶다.
하양, 연분홍, 꽃분홍, 진홍. 촌집 담 밑에 핀 접시꽃은 흙담하고
색을 맞추었는지 각기 다른 색 꽃이 피어도 어우러짐이
아름답기 그지없었다. 접시꽃은 화려함도 제일이다.
그 화려함 뽐내려고 내 접시꽃은 하늘빛도 있다. 내가 수놓는 꽃이 내 꽃.
세상일 마음대로 안 되는데 수라도 마음대로 놓아야겠다.

아네모네

〈사랑방 손님과 어머니〉에 나오는 붉은 꽃이 아네모네일 거라고 들었다.
선생님이 옥희 시켜서 어머니에게 준 꽃. 이름만 알고 있던 아네모네.
나중에 꽃을 보고 생각했다. '선생님이 줄 만했네.'

당귀를 은빛으로

인도 여행길에 한 할머니를 만났다. 할머니가 먼 여행길에
당귀 장아찌를 싸 오셔서 일행이 맛을 보았다. 세상에 이런
향기가 있나 싶은 향이 입안 가득 차올라 그다음 끼니까지 감돌았다.
할머니 말씀이, 당귀 다 뽑은 밭에서 이삭을 주워 만든 것이란다.
당귀는 아기 별 같은 꽃이 참 귀하디귀한 모습이다. 흰 꽃은 대체로
그렇다. 흰 꽃이 귀해 보여서 귀한 맛 내려고 은빛으로 수놓았다.
당귀잎의 향기를 색으로 표현한다면 아마도 은빛일 것 같다.

매화보다 일찍 피는 꽃, 히말라야 앵초

히말라야 앵초는 깜짝 놀라게 꽃이 일찍 핀다.
매화보다 더 일찍 핀다고 한다. 화분에서 몇 해 키워보니
해마다 매화보다 앞선다. 그래서 설화라는 별명이 붙은 모양이다.
분홍 꽃은 참 많지만 히말라야 앵초처럼 어여쁜 분홍색도 드물다.
히말라야 앵초는 겨울에도 잎이 푸르고, 꽃이 질 때쯤 잘라서
거꾸로 매달아 말리면 분홍 꽃잎이 희게 변한다.
색이 다 바랜 꽃잎도 참 고상하다. 그러나 무엇보다
히말라야 앵초의 매력은 추운 날 제일 먼저 꽃피우는 것.

자운영 꽃 무리

해남 미황사 가는 길에 처음 본 자운영. 논에 심어 거름도 하고,
어느 지방에서는 떡도 해 먹는다 하고, 주지 스님은 어린 시절
삶아 먹기도 했단다. 나는 그저 논둑에 핀 자운영 꽃 무리
물결 치는 것이 예뻐 꽃대를 살랑살랑 휘어보았다.

서늘하고 달콤한 매화 향기

봄이 채 오기 전 추운 날에 피는 매화. 매화 향기는 추위 속에서
누리는 최고의 호사다. 서늘하고 달콤한 매화 향을 색으로 표현하면
파스텔 톤이 아닐까 싶다. 서늘한 향기는 하늘색과 연둣빛으로
표현하고, 마지막에 붉은색 홍매를 화룡점정으로 점 찍듯 놓았다.
매화는 가지의 묵은 맛도 좋다. 오래된 껍질의 거친 느낌과
새로 난 가느다란 가지의 옅은 빛깔을 살렸다.

정위 스님의 자수 정원

03
옛 수에 담긴 마음

수는 잡념을 떨치기 좋은 작업이다. 옛 자수를 따라 놓다 보면
거기에 담긴 옛 사람들의 마음이 전해진다. 어르신의 장수를 기원하며 국화를 수놓고,
부귀영화를 바라며 목단을 완성했던 갸륵하고 순수한 마음에 가닿는다.

은방울꽃을 디자인했네

은방울꽃. 어쩌면 이렇게 마땅한 이름을 붙였을까.
베갯모에 놓여 있던 은방울꽃 자수를 잘라 만든
손바닥만 한 액자를 보았다.
옛 사람이 풀섶의 은방울꽃을 보고 그린 그림이 기차다.
꽃을 대칭으로 펼친 모양이 영락없이 모던 디자이너의 솜씨다.

베갯모의 소국 송이

소국은 장수를 의미한다. 상자처럼 각진 베개를 퇴침이라고 하는데,
퇴침 옆면에 소국이 수놓여 있었다. 국화가 이런 모양으로 피지는
않건만, 수놓기 좋도록 단순하게 그린 듯하다.
애쓰기보다 상황을 맞게 바꾸는 지혜가 아니런가.

동백, 그 단순한 맛

동백은 꽃 모양이 참 단출하다. 꽃이 떨어져도 모양 그대로 단정하다. '동백의 단순한
맛을 어찌 저리 다정하게 살렸을까.' 골동 상보에 놓인 동백을 보며 옛 사람들의
표현력에 탄복했다. 동그란 꽃잎 끝을 도톰하게 메우고 잎은 가지런히,
그리고 손에 손을 잡은 듯 이어주었다. 상보의 동백은 그렇게 표현했는데,
동네 미술 학원 김 선생은 동백을 여인처럼 곱디곱게 그렸다. 반짝이는 동백 잎사귀는
모양을 섬세하게 그려주어 실도 그에 어울리는 색을 골랐다. 흰 동백은 푸른빛
테두리를 둘러 꽃 모양을 드러냈다. 가지 끝에 숨겨놓은 듯한 꽃봉오리를 찾으셨는지.
이 동백을 보면 곱게 빗은 여인의 머리가 생각난다.

나팔꽃은 여름 꽃

여름 아침에 기상 나팔처럼 활짝 피었다가 한낮이면 진다.
비비 꼬인 나팔꽃은 피려고 준비하는 것. 그 모양을 한 줄기에
모아 담았다. 테두리만 수놓은 나팔꽃은 바느질하기도 쉽고,
시원해 보여서 여름에 제격이다.

목단 두 가지

부귀영화를 바라며 수놓았다는 목단. 목단은 화려한 꽃인데도
오래 보아도 쉬이 싫증 나지 않는다. 언제나 근사하다. 어머니가 주신
무명에 수를 놓으며 가장 마지막에 작업한 꽃이 목단이다. 잎을 메울
초록색 실을 고르느라 오랜 시간을 보냈다. 이 목단을 수놓으며
적당히 내려놓는 법을 익혔다. 한참 두었다가 다시 앉으면 꽃도 색도
새로이 보인다. 선으로 수놓은 목단은 어느 법당 천장에 있던 것을
본뜬 것이다. 잎맥과 꽃의 결은 메우지 않아야 오히려 잘 드러난다.
삼베에 목단을 수놓아 여름 이불이나 커튼으로 쓰면 좋다.
특히 여름철 저무는 해가 창으로 들 때면 수놓은 목단 커튼이
더욱 근사해 보인다.

동자가 연꽃을 들고서

연꽃의 실제 생김새와는 다른데 참으로 연꽃 같다.
연꽃과 연잎을 제사상 고임떡처럼 높이 쌓아 소망을 담고,
동자는 곰처럼 순진하며 물결은 눈썹처럼 깜박인다.
동자가 물속에서 연꽃을 들고 나오는 귀여운 모습.
옛 사람들의 해학에 빙그레 웃음 짓는다.

장수를 기원하며, 실국화

국화류는 장수를 기원하는 의미가 담겨 있다. 처녀들이 시어른
오래 사시라고 상보에 수놓던 마음이 가상하고 대견하다.
나는 수를 놓으며 장수도 좋지만 사람들의 건강을 기원했다.
실국화 꽃잎 하나하나가 춤을 추는 듯하다.

홍매와 새

베갯잇에 수놓은 홍매와 새, 매조(梅鳥). 나무가 대칭일 리 없는데 옛 사람들의 상상력이 참신하다. 새 한 마리 얹어놓은 여유와 꽃봉오리까지 새겨 넣은 세심함. 나무 등걸에서 오래된 매화나무의 기품이 느껴진다. 매화에서 즐길 수 있는 것을 다 넣었다.

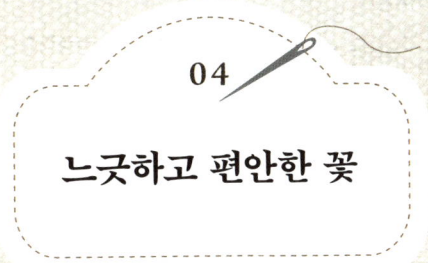

느긋하고 편안한 꽃

나는 서너 가지 쉬운 바느질법으로 수를 놓는다.
하늘하늘 꽃잎 끝자락과 느긋하게 춤추는 듯한 줄기를 보면
마음이 홀가분하고 편안해진다.
자연은 그러한데 그 모습을 요란하게 담을 필요가 있나.

옛날 생각나는 패랭이

패랭이를 화분에 심어 마당에 내놓으니 꽃도 오래가고
월동도 해서 기르기 수월하다. 어린 시절 김 영감님 댁 앞산에 피어
있던 꽃이다. 패랭이처럼 옛날부터 보던 꽃을 만나면 추억이 아련하다.
하늘하늘 실처럼 풀린 꽃잎 끝자락과 마음대로 춤추는 듯한 줄기를 보면
마음이 홀가분하고 편안해진다.

쪽빛 푸른 달개비꽃

사람들은 달개비, 여뀌 등의 풀꽃을 꽃이라고 여기지 않는 것 같다. 꽃 하면 대개 빨강, 노랑, 하양을 떠올리는데 달개비는 쪽빛을 띤다. 달개비꽃이 지면 쌀알 같은 것이 달리는데, 어린 시절 그걸 따다 밥이라고 하면서 놀았던 기억이 난다. 잊혀져가는 풀꽃들, 게다가 달개비꽃은 겨우 하루 피었다 져서 더욱 애처롭다.

단풍과 영지

옛날 약수건을 보니 단풍과 영지를 함께 수놓았더라.
영지가 불로장생을 의미하니 약수건에 놓아 어른들 건강을 빌었던
모양이다. 약수건은 약사발 아래를 받치거나 덮는 용도로 썼다.
물 한 잔 낼 때도 받침을 쓰면 차분하고 정성스럽다.

단풍잎에 봄볕이 비추면

백양사 가는 길에 본 단풍이 생각나서 수놓았다.
봄볕을 받은 청단풍의 녹빛이 아름답다. 단풍잎에 햇살이 비치면
별 모양으로 빛난다. 빛나는 모양을 내려고 형광빛 도는 붉은 실을
골랐다. 그 모습이 꽃보다 아름다운데 실로 표현할 길이 없다.

맑디맑은 철원 꽃창포

창포나 꽃창포는 보통 키가 두 자(약 60cm)가 훌쩍 넘는데,
철원 꽃창포는 아이 손 한 뼘 정도로 자그마하다.
꽃대를 따라 쫑쫑 핀 흰 꽃이 맑디맑다. 이 풀이 바람에
하늘거리는 것을 가만히 보고 있으면 그런 휴식이 없다.

애물단지 괭이밥

맛이 시큼해서 '시금치'라고 부르던 괭이밥.
뒷마당 장독대 옆에 무리 지어 핀 노란 꽃이 예뻐 화분에 옮겨
앞마당에 두었다. 그런데 이 풀이 '왠수' 같다. 씨가 가벼워
풀풀 날려 야생화 화분도 괭이밥이 다 덮어버렸다.
풀 뽑아내느라 혼났다. 주지 스님에게도 한 소리 들었다.

산동백은 생강 향기가 난다

김유정의 〈동백꽃〉에 나오는 알싸한 향이 바로 산동백, 즉 생강나무다.
생강나무의 노란 꽃은 산수유꽃과 닮았는데 향이 다르다.
산동백은 아마도 향 때문에 키우는 것이리라. 그래서 나도 매년 산동백
겨울나라고 분재 화분을 현관 안쪽으로 낑낑대며 끌어 들여놓는다.

05
곁에 두고 오래 보다

자수는 살피는 일이다. 가만히 보면 초록 잎도,
나뭇가지도 모두 다르게 생겼다. 빈 병에 꽂아둔 부러진 가지도,
들에 핀 이름 모를 풀도 그 선과 색이 저마다 맛이 있다.

어머나, 여우꼬리

생김새가 강아지풀과 비슷한데 색깔이 다홍빛이 되니
강아지풀의 수수한 맛은 한 점도 찾아볼 수가 없다.
생김새도, 보송보송 촉감도, 새침한 빛깔도 참말 여우 꼬리 같은 꽃.
볼 때마다 속으로 '어머, 여우 꼬리네' 하고 감탄한다.
5월에 피어 장마에도 지지 않아 우중충한 날씨에 생기를 더해준다.

뒷산 망개나무, 잘 생겼네

법당 뒤에 망개나무 가지 생긴 모양이 좋아 두고 보려고
유리병에 꽂았다. 가지까지 보려고 일부러 투명한 병을 찾았다.
빨간 것은 열매이고, 녹색은 잎이다. 수를 다 놓고 보니
동그란 열매들이 사탕처럼 달콤해 보인다. "아이고, 예뻐라."

장독대 옆 맨드라미

시골집 장독대 옆에 심었던 꽃, 맨드라미.
생김새가 단순하고 화려하면서도 정겹다. 어릴 때 이웃집
아주머니가 증편 위에 맨드라미 끝자락을 잘라 수놓듯 점점이
올렸던 기억이 난다. 그 떡에서 과하지 않은 멋을 보았다.

부러진 남천 가지 주워다

가을바람이 불더니 남천 가지가 똑 떨어졌다. 아깝고 불쌍해서 목 긴 병을 찾아 꽂아두었더니 사람들이 꽃집에서 사 온 꽃만 꽂는 줄 알았는데 이런 것을 꽂아두었다며 신기해했다.

보고 있으면 시원한 맥문동

여름날 나무 밑에 보랏빛 맥문동이 쫙 깔려 있는 것을 보면 활기가 넘친다. 시원하게 뻗은 잎과 쫑알거리듯 촘촘히 달린 보라색 꽃. 맥문동을 얻어오면 언제나 푸른빛 유리 화병에 꽂는다. 보랏빛과 유리의 맑은 파란빛이 청량하기 그지없어 바라보고만 있어도 여름 더위가 가시는 것 같다.

한라 용담, 즐겁다

철원 꽃창포나 한라 용담처럼 지명이 붙은 꽃은 왠지 정이 간다.
청보랏빛 꽃잎에 긴 목을 지닌 생김새가 초롱꽃과 닮았다.
그 모습이 나팔 불듯이 신나 보여서 한 송이는 거꾸로 수놓아
그 즐거움을 표현했다.

한 나무에 여러 색 꽃피네, 목화

주지 스님이 좋아하셔서 화분에 목화를 심었다.
씨앗을 틔워 심어 구름 같은 솜도 한 바가지 따니 뿌듯했다.
목화는 신기하게도 한 나무에 색이 다른 꽃이 피었다.
연한 하늘빛, 미색, 흰빛, 분홍…. 한 부모에서 난 아이들이라도
제각각 다르듯이 꽃 색이 참 다양하다. 탐스러운 목화, 꽃도 잎도 커다래서
꽉 채우면 갑갑할까 봐 잎 몇 개만 메웠다.

정위 스님의 자수 정원

바느질법과 도안

바느질법

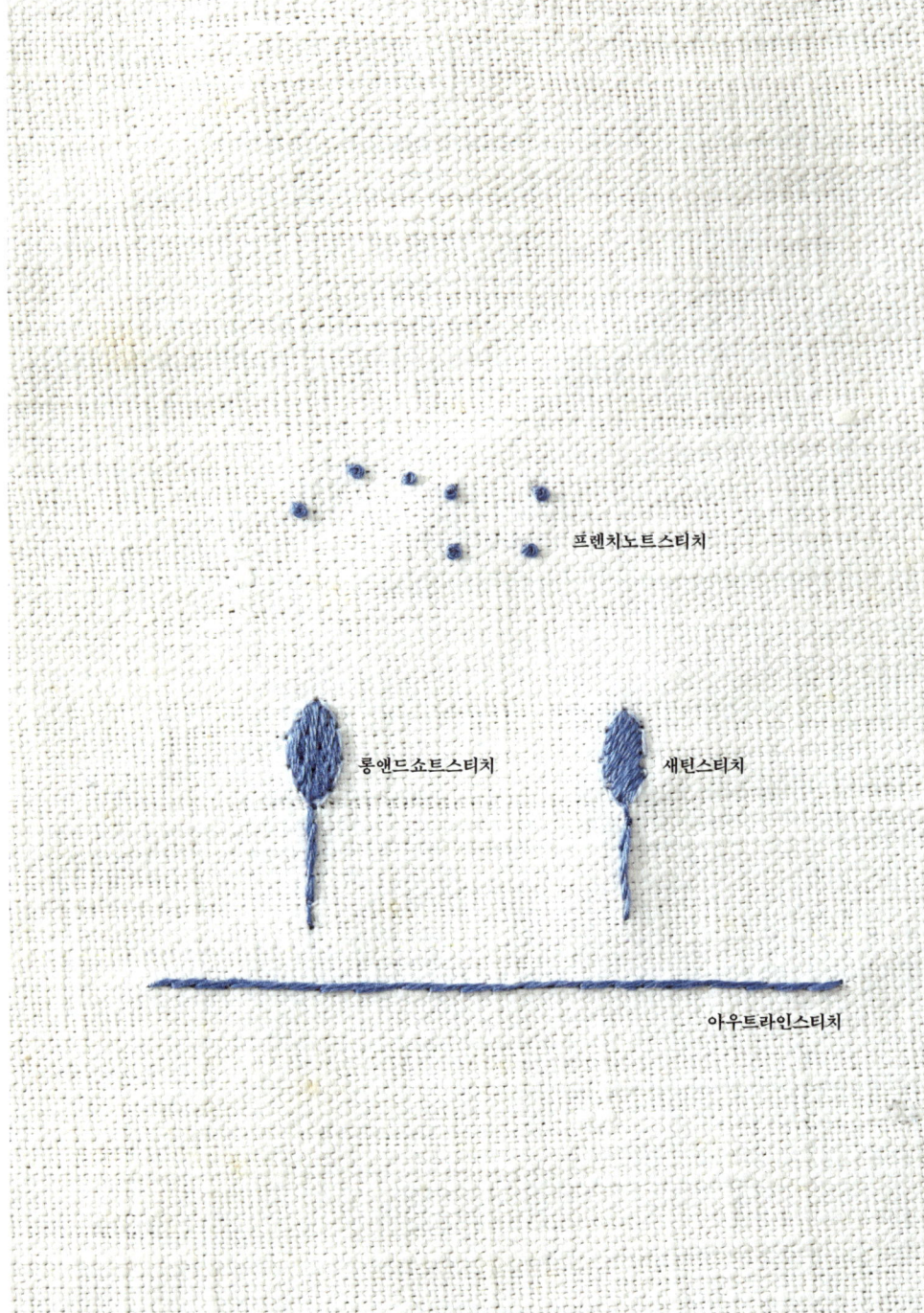

프렌치노트스티치

롱앤드쇼트스티치 새틴스티치

아우트라인스티치

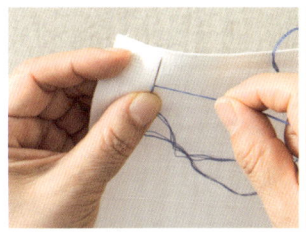  

프렌치노트스티치

바늘에 실을 한두 번 감아놓는 바느질법이다. 작은 꽃이나 씨앗, 꽃술을 표현할 때 쓴다.

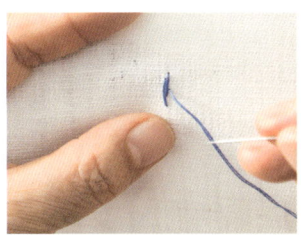 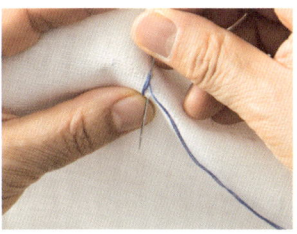 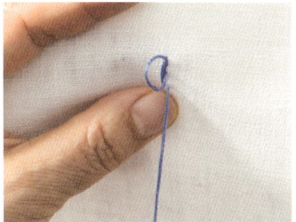

롱앤드쇼트스티치

바늘땀을 길고 짧게 조절해 면을 메우는 방법이다. 큰 면을 메우면 질감을 살릴 수 있어 좋다.

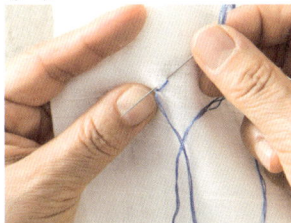  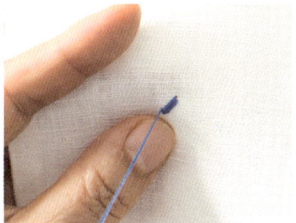

새틴스티치

면을 사선으로 메우는 방법이다. 줄기나 나뭇가지, 작은 꽃잎이나 풀잎을 표현할 때 쓴다.

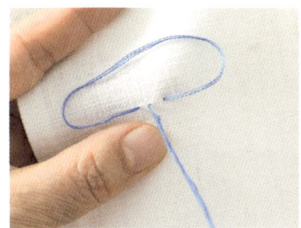  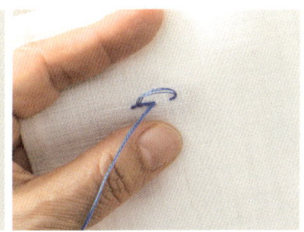

아우트라인스티치

바늘땀을 조금씩 겹치도록 놓는 직선 바느질법이다. 작은 줄기, 잎맥을 표현할 때 쓴다.

 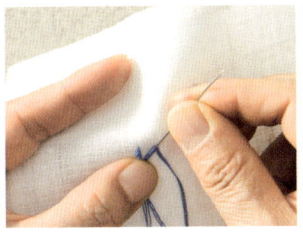 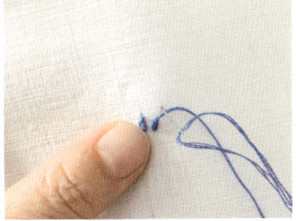

불리언스티치

프렌치노트스티치와 같은 바느질법이나 바늘에 실을 일고여덟 번 감는 점이 다르다. 실을 바늘에 감은 후 바늘을 살살 돌려가며 빼야 모양이 예쁘게 나온다. 바늘을 뺀 후 떠서 바늘땀을 놓으면 끝이 뾰족하게 빠진다.

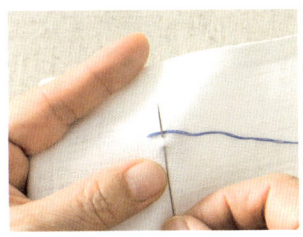 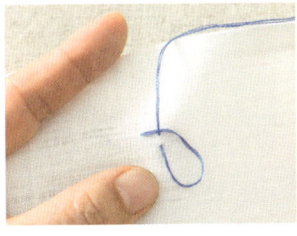 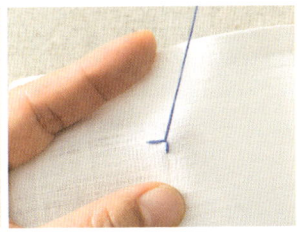

버튼홀스티치

스티치 중간에 수직으로 내린 위치에 바늘땀을 넣어 당겨 직각으로 만드는 방법이다. 쪼글쪼글한 잎이나 물결무늬, 매트나 손수건의 가장자리를 장식할 때 쓴다.

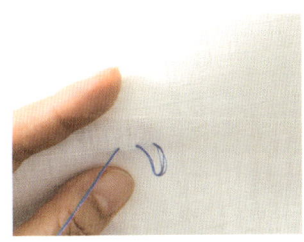 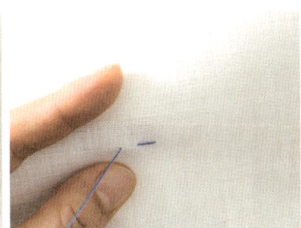 

스트레이트스티치

박음질과 같은 방법이다. 가는 줄기와 잎맥을 표현할 때 쓴다. 깔끔한 맛이 있다.

곰취
12쪽

새틴스티치
아우트라인스티치
프렌치노트스티치

무꽃
14쪽

롱앤드쇼트스티치
새틴스티치
스트레이트스티치
아우트라인스티치
프렌치노트스티치

줄딸기
15쪽

롱앤드쇼트스티치
스트레이트스티치
아웃라인스티치

쑥갓
16쪽

롱앤드쇼트스티치
새틴스티치
아우트라인스티치
프렌치노트스티치

부추꽃
18쪽

새틴스티치
스트레이트스티치
아우트라인스티치

민들레
20쪽

- - - - - -

롱앤드쇼트스티치
새틴스티치
스트레이트스티치

오이꽃
22쪽

롱앤드쇼트스티치
스트레이트스티치
아우트라인스티치

한련

24쪽

롱앤드쇼트스티치
버튼홀스티치
새틴스티치
스트레이트스티치
아우트라인스티치

연꽃
28쪽

롱앤드쇼트스티치
새틴스티치

남천 열매
29쪽

새틴스티치
스트레이트스티치
프렌치노트스티치

칼라
30쪽

롱앤드쇼트스티치
새틴스티치
스트레이트스티치

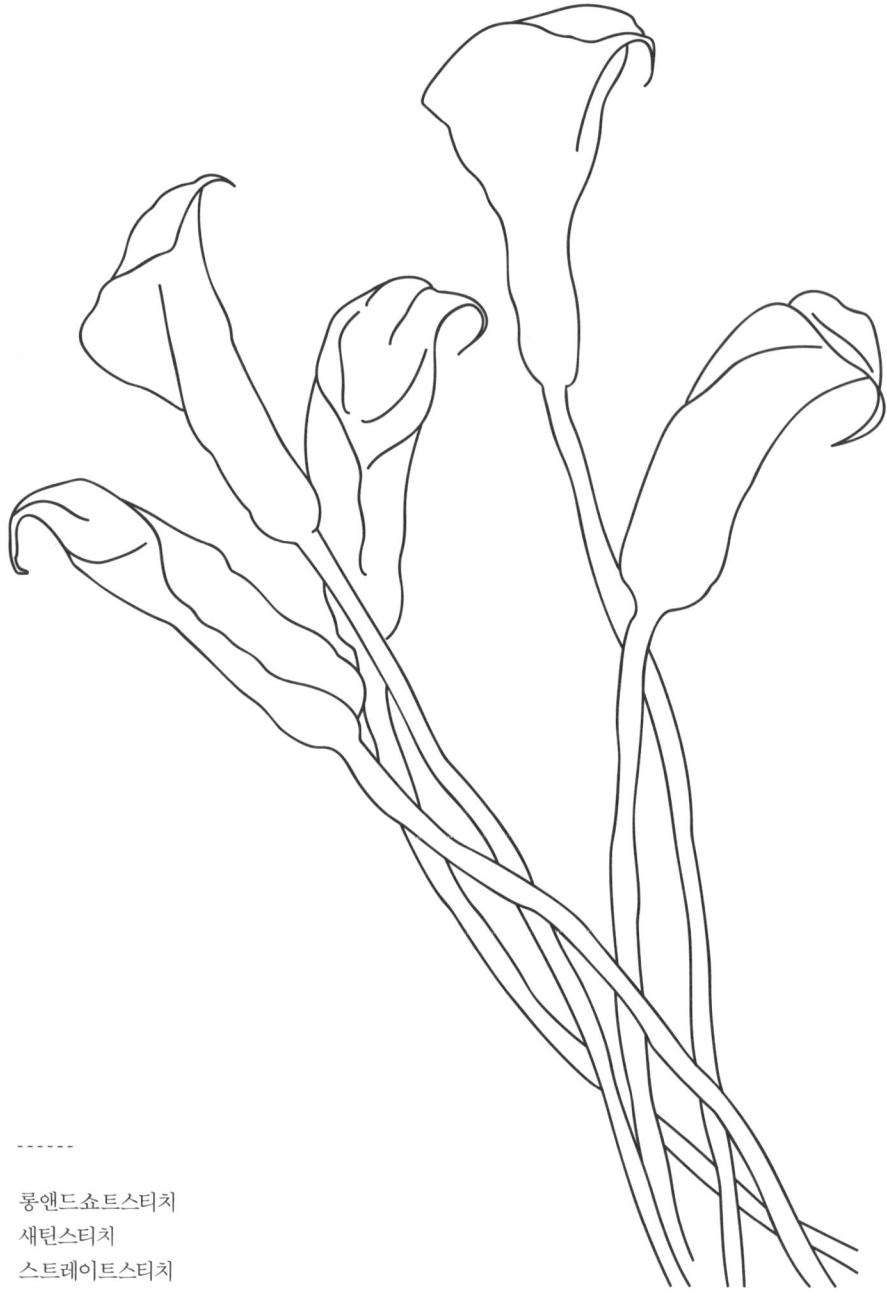

접시꽃
32쪽

롱앤드쇼트스티치
새틴스티치
프렌치노트스티치

아네모네
34쪽

롱앤드쇼트스티치
스트레이트스티치
프렌치노트스티치

당귀
36쪽

롱앤드쇼트스티치
새틴스티치
스트레이트스티치
프렌치노트스티치

히말라야 앵초
38쪽

롱앤드쇼트스티치
새틴스티치
스트레이트스티치
아우트라인스티치
프렌치노트스티치

자운영
39쪽

롱앤드쇼트스티치
새틴스티치
스트레이트스티치
아우트라인스티치

매화
40쪽

- - - - - -

롱앤드쇼트스티치
새틴스티치
스트레이트스티치
프렌치노트스티치

은방울꽃
44쪽

롱앤드쇼트스티치
새틴스티치
아우트라인스티치

소국
46쪽

새틴스티치
스트레이트스티치
프렌치노트스티치

동백
48쪽

- - - - -

롱앤드쇼트스티치
새틴스티치
스트레이트스티치
프렌치노트스티치

동백
49쪽

새틴스티치
스트레이트스티치
프렌치노트스티치

나팔꽃
50쪽

스트레이트 스티치

나팔꽃
51쪽

롱앤드쇼트스티치
스트레이트스티치
아우트라인스티치

목단
52쪽

스트레이트스티치
아웃라인스티치

목단
53쪽

- - - - - -

롱앤드쇼트스티치
스트레이트스티치
프렌치노트스티치

연꽃
54쪽

버튼홀스티치
새틴스티치
스트레이트스티치

연꽃
55쪽

새틴스티치
스트레이트스티치

실국화
56쪽

새틴스티치
스트레이트스티치
아우트라인스티치
프렌치노트스티치

홍매와 새
58쪽

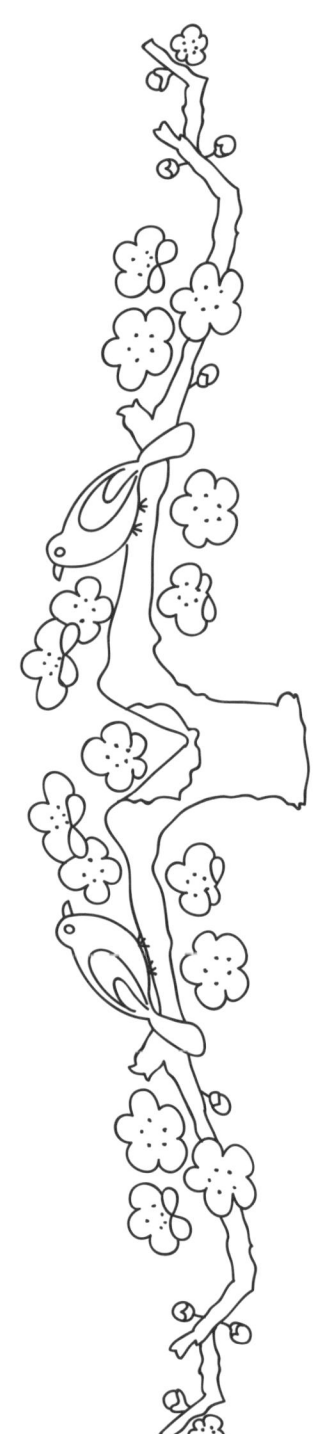

- - - - - -

롱앤드쇼트스티치
새틴스티치
스트레이트스티치
프렌치노트스티치

패랭이
62쪽

롱앤드쇼트스티치
새틴스티치
스트레이트스티치

달개비
64쪽

새틴스티치
스트레이트스티치
아우트라인스티치
프렌치노트스티치

단풍과 영지
66, 67쪽

롱앤드쇼트스티치
새틴스티치
스트레이트스티치
아우트라인스티치

정위 스님의 자수 정원

철원 꽃창포
68쪽

새틴스티치
스트레이트스티치
아우트라인스티치
프렌치노트스티치

괭이밥
70쪽

롱앤드쇼트스티치
새틴스티치
스트레이트스티치

산동백
72쪽

새틴스티치
스트레이트스티치
프렌치노트스티치

여우꼬리
76쪽

롱앤드쇼트스티치
새틴스티치
스트레이트스티치
아우트라인스티치

망개나무
78쪽

롱앤드쇼트스티치
스트레이트스티치
아웃라인스티치

맨드라미
79쪽

불리언스티치
새틴스티치
스트레이트스티치
아우트라인스티치
프렌치노트스티치

남천
80쪽

- - - - - -

롱앤드쇼트스티치
새틴스티치
스트레이트스티치

맥문동
82쪽

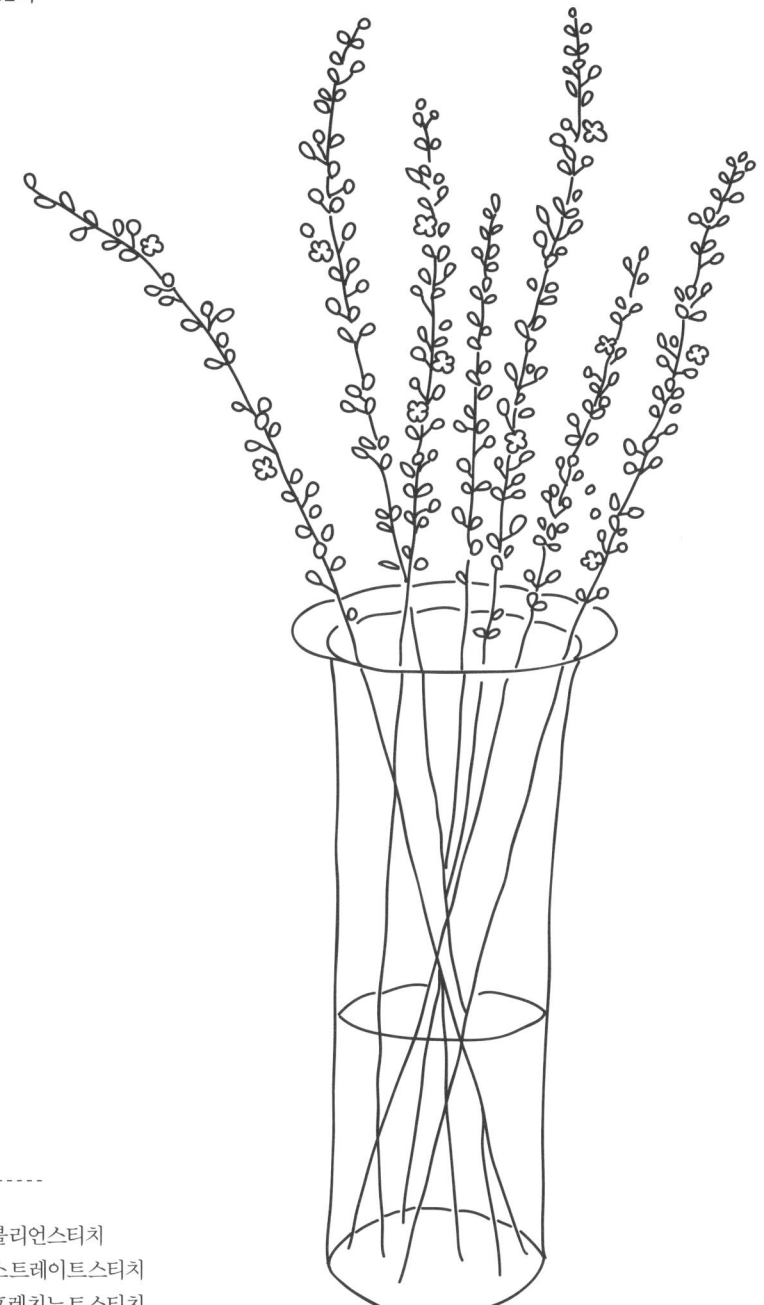

불리언스티치
스트레이트스티치
프렌치노트스티치

한라 용담
83쪽

롱앤드쇼트스티치
새틴스티치
스트레이트스티치
프렌치노트스티치

목화
84쪽

버튼홀스티치
새틴스티치
스트레이트스티치
아우트라인스티치
프렌치노트스티치

세상일
마음대로 안 되는데
수라도 내 맘대로
놓아야지.

정위 스님의 자수 정원

초판 1쇄 발행 2019년 7월 4일
초판 3쇄 발행 2022년 6월 4일

지은이 정위

펴낸곳 브.레드

책임 편집 이나래

교정·교열 오미경

사진 516 Studio 김잔듸

일러스트 박단비

디자인 아트퍼블리케이션 디자인 고호

마케팅 김태정

인쇄 (주)상지사피앤비

출판 신고 2017년 6월 8일 제2017-000113호
주소 서울시 중구 퇴계로 41길 39 703호
전화 02-6242-9516 | **팩스** 02-6280-9517 | **이메일** breadbook.info@gmail.com

ⓒ 정위, 2019

이 책 내용의 전부 또는 일부를 재사용하려면 출판사와 저자 양측의 동의를 얻어야 합니다.
ISBN 979-11-964041-5-4   13590